NATASHA SCHIPKE

LEROY SANÉ

DAS GROSSE FANBUCH

VERLAG DIE WERKSTATT

INHALT

VORWORT

Schalke, Manchester City, Bayern München. Die Karrierestationen von Leroy Sané lassen auf einen steilen Weg nach oben schließen – doch ohne Rückschläge ging es nicht.

Leroy Sané kehrt in die Bundesliga zurück! Der sogenannte „Königs-Transfer" der Bayern wurde im Sommer 2020 heftig diskutiert und war in den Medien so präsent wie kein anderes Thema. Schließlich kehrte der Schalker Junge, von Trainerstar Pep Guardiola in Manchester bei den „Citizens" zum Superstar ausgebildet, in seine Heimat Deutschland zurück – aber nicht ins Ruhrgebiet, sondern in den Süden: zum Rekordmeister FC Bayern München.

Schon in jungen Jahren ist Leroy Sané in der Fußballwelt als extrem talentiertes Juwel bekannt und wurde mit Anfang 20 in Manchester zum besten Jungspieler der Premier League ausgezeichnet. Und auch wenn er als Nationalspieler noch kein großes Turnier bestreiten durfte – die Vita von Leroy Sané kann sich sehen lassen.

Aber ebenso galt es, die ersten Rückschläge zu verarbeiten: Die schwere Verletzung, die sich Sané im Sommer 2019 zuzog, die Absage von Bundestrainer Jogi Löw zur Weltmeisterschaft 2018 in Russland oder die wiederkehrende Kritik von City-Trainer Guardiola bezüglich Leroys Einstellung und Disziplin.

Viel los also im Sportlerleben des Gelsenkirchener Jungstars. Privat hingegen genießt er lieber das ruhige Zusammensein mit seiner Familie, mit Candice Brook und den beiden Kindern.

In diesem Buch lernst du Leroy Sané kennen und erfährst viel über seine spannende Karriere – von Gelsenkirchen über Leverkusen zurück zum FC Schalke 04 und schließlich der Sprung in die ganz große Fußballwelt. Mit vielen Erfolgen, aber auch Rückschlägen. Bei den Bayern möchte Sané den nächsten Entwicklungssprung in seiner bisher kometenhaft verlaufenden Karriere machen und diesmal in Rot-Weiß auf Titeljagd gehen. Wenn er beim Rekordmeister sein ganzes Potenzial abruft, kann er einer der ganz Großen werden!

Auch in der Nationalmannschaft gilt Leroy Sané nach der verpatzten WM 2018 als Hoffnungsträger.

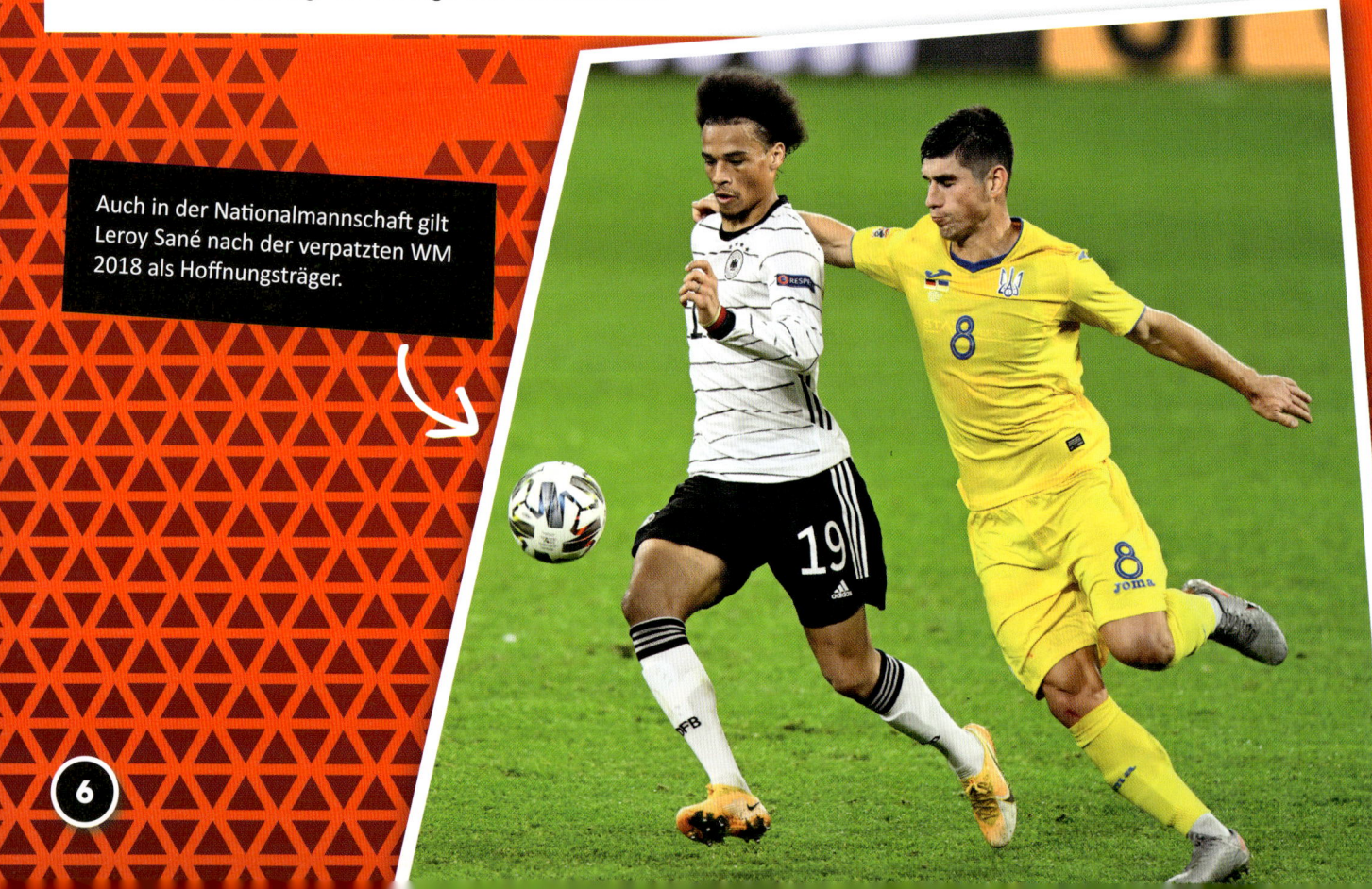

Im zweiten Spiel für den FC Bayern der erste Titelgewinn: Gegen den FC Sevilla holt sich der FCB mit Leroy Sané den UEFA Super Cup.

DER WEG ZUM FUSSBALL

Am 11. Januar 1996 erblickte der kleine Leroy Aziz Sané in Essen das Licht der Welt. Früh stand fest, dass er in die Fußstapfen seines Vaters tritt.

„Ich wollte von Anfang an Fußballprofi werden. Ich habe schon als ganz kleines Kind mit meinen Freunden oder Brüdern immer Fußball gespielt, und mein Vater war ja früher auch Fußballprofi. Mit dem habe ich zu Hause, im Garten und auf dem Bolzplatz gekickt", blickte Leroy auf seine Kindheit zurück. Sein Vater Souleymane kommt ursprünglich aus dem Senegal. Er wuchs aber in Frankreich auf und kam im Zuge seines Militärdienstes nach Deutschland. Deswegen hat Leroy neben der deutschen auch die französische Staatsbürgerschaft. In Deutschland wurde sein Vater Fußballprofi. Seit dem Karriereende arbeitet Souleymane in einer Spielervermittlungsfirma.

Mama Regina ist gelernte Schneiderin, hat aber ebenfalls eine Sportlerkarriere hinter sich (Rhythmische Sportgymnastik) und studierte danach Design. Zusammen entwickelten und verkauften sie eine selbst entworfene Sportbekleidungskollektion. Inzwischen ist Regina Lehrerin an der Maria-Sibylla-Merian-Gesamtschule in Bochum. Über seine Eltern sagte Leroy: „Gymnastik ist nicht meine Sportart. Aber ich weiß, dass meine Mutter sehr gut darin war und ich bin sehr stolz auf sie und ihre Erfolge. Von ihr habe ich bestimmt die Athletik und das Körpergefühl. Von meinem Vater habe ich die Schnelligkeit mitbekommen.

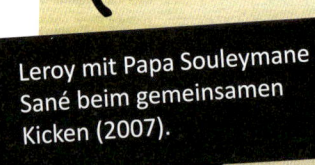

Leroy mit Papa Souleymane Sané beim gemeinsamen Kicken (2007).

Nach den Spielen spreche ich oft mit ihm über meine Leistung, was ich besser machen kann oder was schlecht war und worauf ich im nächsten Spiel achten muss. Vor allem, als ich älter wurde. Er hat nie Druck gemacht, im Gegenteil: Er hat mir immer geholfen und viele Tipps gegeben."

Seine Kindheit verbrachte Leroy in Wattenscheid, einem Bochumer Stadtbezirk, nicht weit entfernt vom Lohrheidestadion, die Heimat der SG Wattenscheid 09.

Da lag es nahe, dass dies auch sein erster Verein war: „Mit vier oder fünf Jahren habe ich da angefangen. Als ich acht war, kam dann Schalke 04 auf meinen Vater zu. Meine Eltern hatten mich gefragt, ob ich dorthin möchte. Und ich wollte. Wir hatten schon öfter mit Wattenscheid gegen Schalke gespielt. Mir war klar, dass das ein besonderer Verein ist."

Als Knappe bei den Königsblauen legte Leroy damit den Grundstein für seine Karriere.

Leroy Sané ließ sein Talent schon früh aufblitzen: hier im Januar 2007 als 11-Jähriger bei einem Hallenturnier während eines Spiels gegen Dessau.

LEROY SANÉ UND SEINE FAMILIE – EINE LIEBESERKLÄRUNG AN DEN SPORT

Die Mama: Bronzemedaille bei Olympia 1984 in Los Angeles. Der Papa: Fußballprofi in der Bundesliga. Fast logisch also, dass auch der Sohn ein großer Sportler wird.

Kein Wunder, dass Leroy Sané den Sprung zum Fußballprofi geschafft hat – denn Talent und Ehrgeiz dafür wurden ihm von seinen Eltern in die Wiege gelegt: Leroys Vater Souleymane Sané kickte früher selbst erfolgreich gegen das runde Leder, unter anderem für den SC Freiburg, den 1. FC Nürnberg und die SG Wattenscheid 09.

Seine Mutter Regina Weber-Sané war Gymnastin und gewann sogar die Bronzemedaille in der Rhythmischen Sportgymnastik bei den Olympischen Spielen 1984 in Los Angeles. Bis heute ist sie damit die einzige Deutsche, die in dieser Disziplin eine olympische Medaille gewinnen konnte. Insgesamt heimste sie 32 deutsche Meistertitel ein.

Sprintstark: Papa Souleymane 1990 im Trikot von Wattenscheid 09.

„Meine Eltern haben mich sehr geprägt. Bei uns ging es immer um Sport. Obwohl meine Eltern einiges in ihrem Sportlerleben erreicht haben, haben sie mir nie Druck gemacht."

(Leroy Sané in einem Interview mit Spiegel Online)

Mama Regina bei den Olympischen Spielen 1984 in Los Angeles, sie gewann eine Bronzemedaille.

Auch Leroys Brüder sind bzw. waren Fußballspieler. Alle drei Sané-Sprösslinge begannen ihre Fußballkarriere in den Jugendmannschaften der SG Wattenscheid 09, bei Bayer Leverkusen und dem FC Schalke 04. Leroys älterer Bruder Kim legte zudem noch eine Zwischenstation in der Jugend beim VfL Bochum ein. Danach trennten sich die Wege jedoch. Während der Jüngste, Sidi, momentan immer noch im Nachwuchs bei den Königsblauen kickt, wechselte Kim zur zweiten Mannschaft des 1. FC Nürnberg, ehe er nach Wattenscheid zurückkehrte und dort schließlich seine Karriere 2018 beendete.

Die ganze Familie Sané im Jahr 2007: Sidi auf dem Arm von Mama Regina, daneben Papa Souleymane und unten die Brüder Leroy im Schalke- und Kim im Bochum-Trikot.

KNAPPENSCHMIEDE UND DER NÄCHSTE SCHRITT

Von der Knappenschmiede nach Leverkusen und zurück. Ein Fußballer-Leben ohne Pausen.

Ab 2005 war Leroy Teil der Schalker Knappenschmiede. Hier wurde sein Talent weiter gefördert und der Rohdiamant, der er war, geschliffen. Nach drei Jahren war es jedoch an der Zeit für eine Veränderung. Mit zwölf Jahren wechselte das Stürmertalent zu Bayer Leverkusen. Der Plan: eine neue Umgebung kennenlernen, neue Erfahrungen sammeln.

Er konnte trotzdem weiter bei seinen Eltern wohnen und ging in Wattenscheid zur Schule. Nachmittags wurde er vom Fahrdienst abgeholt, und es ging zum Training nach Leverkusen, anschließend wieder

zurück. Vor 21 Uhr, sagt Leroy, war er nie zu Hause. Jeden Tag, jede Woche, jeden Monat. Drei Jahre lang. Auf Dauer ziemlich anstrengend und stressig. Irgendwann litten auch die Leistungen in der Schule darunter. Leroy entschloss sich daher, zu Schalke zurückzukehren. Allerdings nicht, ohne vorher seinen ersten Titel gewonnen zu haben: 2010 wurde er mit Bayer westdeutscher Meister.

Trotz einer guten Zeit in Leverkusen wechselte Leroy Sané schließlich wieder zur Knappenschmiede.

In Leverkusen versuchte man zwar, ihn zum Bleiben zu bewegen, jedoch vergeblich. Jürgen Gelsdorf, Leroys damaliger Jugendtrainer bei Bayer, erinnerte sich: „Leroy hat uns in der U15 in Richtung Schalke verlassen. Wir haben alles versucht, aber wir konnten ihn leider nicht halten. Das tut mir heute noch weh, doch wir mussten es akzeptieren." Weiter sagte er: „Man konnte früh sehen, was der Junge draufhat. Ich freue mich sehr über seine Entwicklung." Noch heute hängt in Gelsdorfs Büro in Leverkusens Leistungszentrum ein Foto von ihm – jubelnd im Bayer-Trikot.

Von 2008 bis 2011 spielte Leroy Sané im Dress von Bayer Leverkusen.

ZURÜCK AUF SCHALKE

Holpriger Start bei den Schalkern, Probleme in Englisch. Doch Leroy beißt sich durch.

2011 war Leroy schließlich zurück auf Schalke. Das Außergewöhnliche daran: Er war nicht der Einzige aus seiner Familie, der zu diesem Zeitpunkt für Königsblau spielte. Seine beiden Brüder, Kim und Sidi, trugen ebenfalls das blau-weiße Trikot. So kam es, dass alle drei Sané-Sprösslinge zeitgleich (von 2011 bis 2014) in der Schalker Jugend spielten.

Die Rückkehr begann holprig, Leroy konnte sich anfangs nicht so recht durchsetzen und musste sich an die Rolle des Einwechselspielers gewöhnen. Kein Grund für den damaligen Teenager, aufzugeben: „Je älter und reifer ich wurde, desto größer war der Wunsch, Profi zu werden. Das war mein ganz großer Traum, in den großen Stadien mit den besten Fußballern der Bundesliga zu spielen. Ab und zu hatte ich natürlich auch Zweifel, ob ich das schaffen werde, aber ich habe mir gesagt: Immer hart arbeiten und dafür kämpfen, dann kann es klappen. Ich habe mich auf jedes Training und jedes Wochenende gefreut, an dem ein Spiel anstand. Das konnte ich gar nicht abwarten. Ich war auch nie auf Partys mit 16 oder 17, das habe ich nie vermisst. Hobbys hatte ich auch nicht – nur den Ball."

Das zahlte sich irgendwann aus: Er wurde 2012 und 2013 Westfalenpokalsieger mit der U17 und 2012 westdeutscher Meister, ehe ihm in der Saison 2013/14 der Durchbruch bei den Junioren gelang. Unter den Fittichen des legendären Jugend-Trainers Norbert Elgert wurde der pfeilschnelle Stürmer zu einem Schlüsselspieler in der U19. Zehn Tore und zehn Vorlagen in seiner ersten Saison sprechen für sich.

Und auch die Schulnoten, die während seiner Zeit in Leverkusen noch gelitten hatten, wurden wieder besser. Leroy machte in Gelsenkirchen an der Gesamtschule Berger Feld seinen Realschulabschluss. Die zehnte Klasse musste er allerdings wiederholen. Auf die Frage, ob es am Mathematik-Unterricht gelegen habe, antwortete er in einem Interview einmal: „Mathe ging eigentlich, Englisch war eher das Problem, da hat es ein bisschen gehapert. Ich habe dann Nachhilfe genommen." Anschließend klappte auch das. Gut für Leroy, dass die Schule eng mit dem Klub zusammenarbeitete: „Die Schule ist wichtig, das war mir immer klar", beteuerte er.

Klatsche für den Rivalen: Mit 6:1 fertigten Leroy und seine Teamkollegen den BVB im Finale des Westfalenpokals der B-Junioren im Mai 2013 ab.

DIE ERSTEN SCHRITTE BEI DEN GROSSEN

Ein neuer „Shootingstar" in der Liga, Leroy debütiert ausgerechnet in Madrid und wird Stammspieler der Schalker Profis.

Nun ließ auch der sportliche Erfolg nicht lange auf sich warten: Im Frühjahr der Saison 2013/14 war der FC Schalke 04 wegen mehrerer Ausfälle geschwächt, sodass Leroy am 28. März 2014 zum 28. Spieltag in den Kader der Profimannschaft berufen wurde. Zum Einsatz kam er jedoch noch nicht. Sein Bundesliga-Debüt feierte er am 20. April 2014 (31. Spieltag) bei der 1:3-Auswärtsniederlage gegen den VfB Stuttgart, als er für Max Meyer in der 77. Minute eingewechselt wurde. Weitere Einsätze hatte er in dieser Saison nicht mehr. In der Saison 2014/15 gehörte er zum erweiterten Kader der Profimannschaft. Am

13. Dezember 2014 schoss er im Heimspiel gegen den 1. FC Köln sein erstes Bundesliga-Tor. Leider ging das Spiel trotzdem 1:2 verloren.

Ausgerechnet im berühmten Bernabéu-Stadion kam er in der 29. Minute für Eric Maxim Choupo-Moting im Champions-League-Achtelfinal-Rückspiel gegen Real Madrid auf den Platz und debütierte damit auch auf internationaler Bühne. Und wie! Mit seinem wunderschönen Treffer erzielte er an jenem 10. März 2015 nicht nur gleich sein erstes Champions-League-Tor, sondern bereitete auch noch eines vor und trug somit maßgeblich zum 4:3-Sieg seiner

Schalker bei. Doch das reichte nicht, da das Hinspiel 0:2 verloren wurde. Dennoch konnte Leroy in der Saison auch Erfolge feiern: Er wurde mit dem U19-Team deutscher A-Jugend-Meister. Am Saisonende hatte er in 13 Bundesligapartien drei Tore erzielt und eines vorbereitet. Ab der Saison 2015/16 erhielt Leroy dann einen (in der Zwischenzeit vorzeitig verlängerten) Profivertrag bis 2019 und etablierte sich endgültig in der ersten Mannschaft.

Das Ausnahme-Talent bestritt alle 17 Spiele der Hinrunde, erzielte vier Tore und lieferte vier Torvorlagen. In den Medien wurde er unter anderem als „Shootingstar der Hinrunde" bezeichnet. In der Rückrunde schoss er ebenfalls vier Tore und bereitete zwei weitere vor. Nur ein einziges Ligaspiel verpasste er. Es war also schnell klar, dass nach so einer Saison namhafte Vereine auf ihn aufmerksam wurden und bei Schalke an die Tür klopften.

Großer Erfolg der Saison 2014/15: Die Schalker A-Jugend wird Deutscher Meister.

Das erste Tor von Leroy Sané in der Bundesliga: Am 13. Dezember 2014 trifft er mit einem Kopfball zum 1:2 gegen den 1. FC Köln, das Spiel geht aber trotzdem verloren.

DER AUFSTIEG ZUM SUPERSTAR

Leroy musste hart arbeiten, um dorthin zu kommen, wo er heute steht. In kleinen Schritten kam er seinem Traum vom großen Fußballstar immer näher.

Spätestens im März 2015 – im berühmten Bernabéu – erfüllte sich dieser Traum. Doch der Weg dahin war nicht leicht. Knapp ein Jahr zuvor feierte Leroy sein Bundesligadebüt im Schalke-Trikot und gehörte zum erweiterten Profikader. Zum Einsatz kam er aber nur hin und wieder mal, so richtig durchstarten konnte Leroy nicht. Auch sein erstes Bundesliga-Tor im Dezember 2014 sorgte noch nicht dafür, dass er zum Stammspieler wurde.

Die Initialzündung erfolgte dann ausgerechnet beim Auswärtsspiel gegen Real Madrid in der Champions League. Es war das Rückspiel im Achtelfinale und die Königsblauen standen vor einer Herkulesaufgabe, denn das Hinspiel verloren die Knappen mit 0:2. Leroy kam in der 29. Spielminute für Eric Maxim Choupo-Moting ins Spiel und feierte damit gleichzeitig auch sein Debüt auf internationaler Bühne. In der 57. Minute dann sein großer Auftritt: Ganz frech schlenzte er den Ball auf Höhe der Strafraumgrenze wunderschön in die linke Torecke. Real-Keeper Casillas war so verdutzt, dass er nicht einmal eine Reaktion zeigte.

Was für ein Debüt! Leroys erstes Spiel in der Champions League war ein Kracher: Schalke gewinnt 4:3 im Bernabéu gegen Real Madrid – und Sané trifft sogar zum zwischenzeitlichen 3:3. Hier im Duell mit Toni Kroos.

Es stand 3:3 und Leroy hatte sein erstes Champions-League-Tor geschossen – in seinem ersten Champions-League-Spiel! Gegen Real Madrid! Und dann leitete er auch noch den 4:3-Siegtreffer durch Klaas-Jan Huntelaar mit ein. Mit diesem Ergebnis schied Schalke zwar aus der Champions League aus, für Leroy aber war es der Startschuss seiner Karriere.

Vor dieser Partie kannten – außer natürlich auf Schalke – nur sehr wenige Fußballfans seinen Namen, nun war er in aller Munde. Und auch in der Bundesliga spielte er ab sofort eine Rolle. Zur Saison 2015/16 erhielt Leroy seinen ersten Profivertrag (Laufzeit: bis 2019) und etablierte sich endgültig in der ersten Mannschaft. Er absolvierte die komplette Saison, verpasste nur ein Spiel und schoss in insgesamt 42 Pflichtspielen 9 Tore und bereitete 7 vor. Auf Schalke avancierte er zum Publikumsliebling, war er doch ein richtiges Eigengewächs der Königsblauen, das aus der „Knappenschmiede" stammte.

Schuss ins Glück: Dieser Treffer zum 3:3 gegen Real Madrid im März 2015 sorgt für den Durchbruch in Leroy Sanés Karriere.

DIE INSEL RUFT – NEUE HEIMAT MANCHESTER

Vom FC Schalke zum Starensemble von Manchester City – Leroy Sané folgt den Verlockungen der Premier League und will zu Pep Guardiola.

Für den nächsten Schritt in seiner Karriere wechselte Leroy Sané im Sommer 2016 für etwa 50 Millionen Euro Ablöse von Schalke zu Manchester City. Damit war er der zu dem Zeitpunkt teuerste deutsche Kicker. Auch der FC Barcelona war an den Diensten des flinken Flügelflitzers interessiert. Doch Leroy sagte den Katalanen ab, obwohl er dort mit einem seiner beiden Vorbilder hätte spielen können: Leo Messi. Im Interview mit SKY SPORTS erklärte Leroy auf die Frage nach seinen Idolen: „Lionel Messi, aber vor allem Ronaldinho." Und genauso wolle er auch spielen. Ausschlaggebend für den Wechsel nach Manchester war Startrainer Pep Guardiola, unter dem Sané unbedingt spielen wollte.

Trotz der hohen Ablösesumme – und den damit verbundenen hohen Erwartungen – gab Guardiola dem Nachwuchsstar Zeit. Erst fehlte Leroy ohnehin verletzt, dann kam er meist von der Bank ins Spiel. „Zunächst wirkte er wie ein junger Bursche im Männerfußball. Ein bisschen naiv und mit viel Bedarf an Anleitung", sagte David Mooney von ESPN Sports. Erstmals in der Startelf stand Leroy Mitte Oktober. Für Furore sorgte er im Dezember 2016, als er bei einem 2:1-Sieg gegen den FC Arsenal das zwischenzeitliche 1:1 erzielte.

„Dieses Tor war sein persönlicher Startschuss", erinnerte sich ESPN-Mann Mooney. Auch Leroy sagte nach dem Spiel, es sei ein großartiges Gefühl gewesen, er sei erleichtert und er hoffe, dass zukünftig noch mehr von ihm kommen werde. Er sollte recht behalten.

„Ich brauchte eine Weile, um anzukommen, die Premier League, die Leute hier, die Spieler kennenzulernen. Ich musste mein Selbstbewusstsein finden."

Jubel in der Champions League: Im Achtelfinale trifft Leroy Sané gegen Monaco in beiden Begegnungen, und trotzdem scheidet City knapp aus (5:3 und 1:3).

Auch in Manchester nicht zu stoppen: Leroy mit City in der Champions League gegen Neapel.

2017/18: LEROYS SUPERSAISON

Marktwert: 100 Millionen Euro. Bester Nachwuchsspieler in der besten Liga der Welt. Meister sowie Ligapokal- und Supercup-Sieger. Leroy Sané steigt zum ganz großen Star auf.

Unfassbare 100 Punkte sammelte Manchester City in der Saison 2017/18 – 19 Punkte mehr als der Stadtrivale United und 23 mehr als Tottenham. Der FC Liverpool landete mit Trainer Jürgen Klopp abgeschlagen und mit 25 Zählern Rückstand auf dem vierten Platz. Auch die Tordifferenz von City liest sich sensationell: 106 erzielte Treffer bei 27 Gegentoren. Wesentlich daran beteiligt: Leroy Sané.

Wettbewerbsübergreifend absolvierte der deutsche Nachwuchsstar 49 Partien und war an 33 Toren direkt beteiligt – 14 erzielte er selbst, 19 bereitete er vor. Allein in der Meisterschaft traf er zehn Mal und lieferte 15 Torvorlagen. Und das alles in der stärksten Liga der Welt – und in einer Mannschaft, die zu den europäischen Spitzenmannschaften zählte.

Dass Leroy Sané in diesem Starensemble unter Trainer Pep Guardiola Stammspieler werden konnte, war schon eine herausragende Leistung. In vielen Spielen zeigte der Dribbelkünstler sein ganzes Können. Im Oktober 2017 beispielsweise schaffte er das Kunststück, in allen drei Spielen jeweils ein Tor selbst zu erzielen und jeweils eins vorzubereiten. Ergebnis: drei Spiele, drei Siege für City und die Auszeichnung „Spieler des Monats" in der Premier League für Sané. Zusätzlich brach er den Geschwindigkeitsrekord der Premier League. Im Spiel gegen Chelsea (1:0 für City) Ende September wurde bei einem seiner Sprints die Höchstgeschwindigkeit von 35,48 km/h gemessen.

Mitte April konnte City bereits den Titelgewinn klarmachen, am 34. Spieltag (von 38) gewannen die Skyblues 3:1 gegen Tottenham, während der abgeschlagene „Verfolger" United zu Hause dem Tabellenletzten aus West Bromwich 0:1 unterlag. Damit konnte City nicht mehr eingeholt werden. Etwa eine Woche darauf folgte dann die große persönliche Auszeichnung für Leroy Sané: Er wurde von der englischen Spielergewerkschaft PFA zum besten Nachwuchsspieler der Liga gewählt – vor Stars wie Marcus Rashford (United), Harry Kane (Tottenham) oder Teamkollege Raheem Sterling.

Zuvor hatten die Himmelblauen im Februar bereits den Ligapokal gewonnen, durch ein 3:0 im Finale gegen Arsenal. Auch hier kam Sané in 5 Einsätzen auf 3 Tore und 1 Vorlage.

> „Pep und ich hatten ein gutes Verhältnis. Er hat mich auf ein völlig neues Niveau gebracht."
>
> (Leroy Sané in einem Interview mit Spiegel Online)

Zaubertor gegen Crystal Palace: Nach Pass von David Silva nimmt Sané den Ball auf geniale Weise mit und überspielt gleichzeitig einen Verteidiger, um danach eiskalt einzunetzen.

DER VERZÖGERTE WECHSEL ZUM FC BAYERN

Leroy Sanés erste schwere Verletzung sorgt für seinen Verbleib in Manchester.

In der Sommerpause 2019 wurden erstmals Gerüchte laut, dass Leroy nach Deutschland zurückkehren könnte, da der FC Bayern Interesse an seiner Verpflichtung hätte. Doch daraus wurde nichts, denn im August 2019 zog sich Leroy beim englischen Super-Cup-Spiel gegen den FC Liverpool die bisher schwerste Verletzung seiner Karriere zu: einen Kreuzbandriss im rechten Knie.

Er fiel lange aus, musste operiert werden und anschließend eine Reha absolvieren. Über diese nicht einfache Zeit sagte Sané: „Es war schwierig. Besonders am ersten Tag nach der Operation, weil man sich überhaupt nicht bewegen kann. Du musst dich aber jeden Tag in der Reha anstrengen. Es ist nämlich eine gute Gelegenheit, mehr an anderen Schwächen zu arbeiten, und deshalb habe ich es als

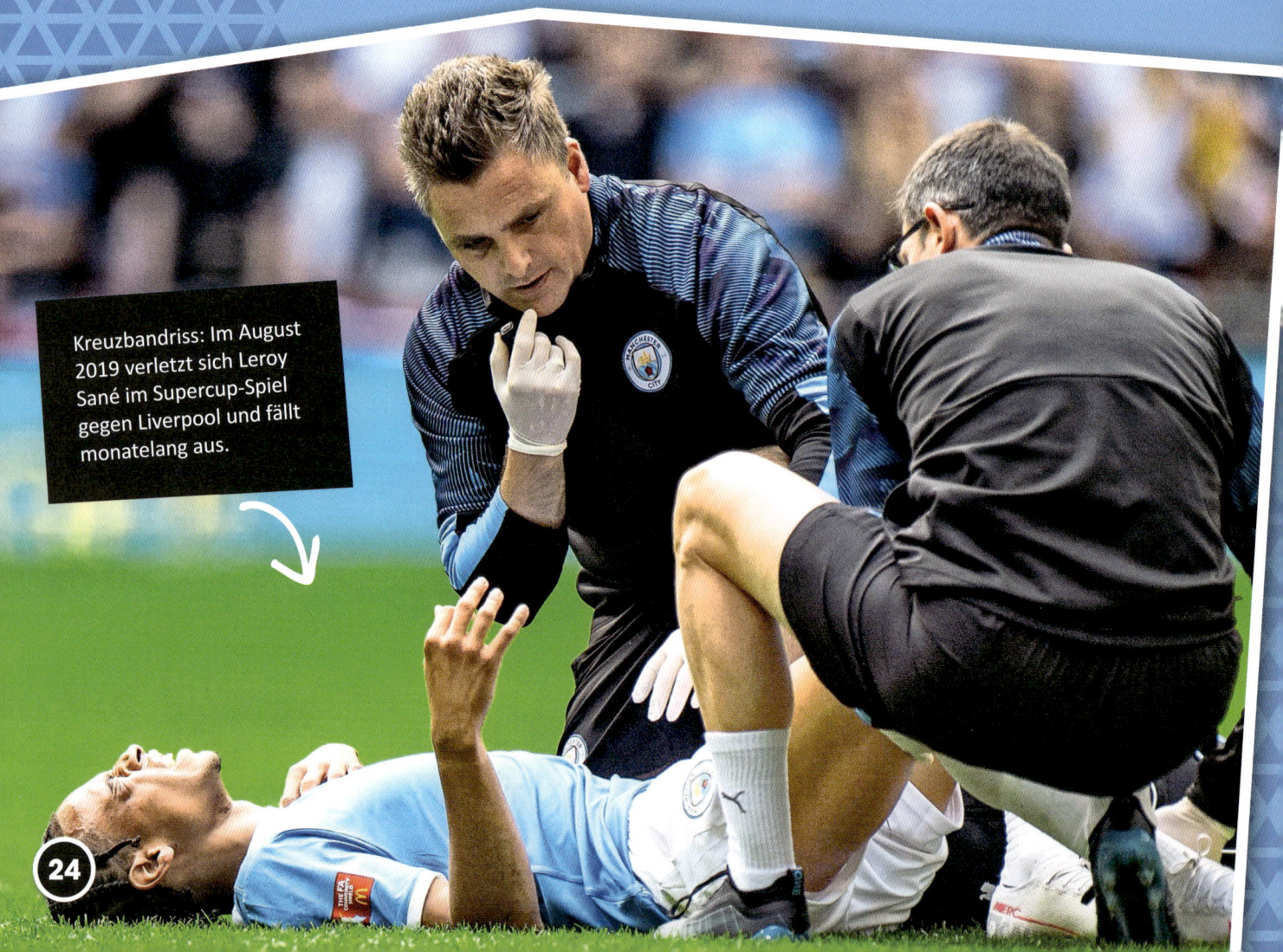

Kreuzbandriss: Im August 2019 verletzt sich Leroy Sané im Supercup-Spiel gegen Liverpool und fällt monatelang aus.

22. Juni 2020: Leroy Sané bei seinem letzten Einsatz in der Premier League gegen Burnley.

Chance genutzt, mich gut zu erholen und wieder stark zurückzukommen."

Er hat sich auch Tipps und Hilfe bei seinen Mitspielern İlkay Gündoğan und Benjamin Mendy geholt, die ähnliche Verletzungen hatten. Das habe ihm sehr geholfen. Schließlich gab er am 28. Februar 2020 beim Auswärtsspiel der U23 gegen den FC Arsenal (4:2-Sieg) sein 57-minütiges Comeback. Nach dem Spiel twitterte der Offensivstürmer: „Zurück auf dem Platz – und es fühlt sich großartig an." In einem Interview nach dem Spiel erzählte er: „Ich bin noch nicht bei 100 Prozent und auf dem Niveau, auf dem ich vorher war, darüber gibt es keinen Zweifel. Aber grund-

sätzlich fühlt sich alles gut an. Ich muss mich an das Tempo gewöhnen, denn wenn du so lange raus warst wie ich, dauert es eben seine Zeit."

Vier Monate später war trotz überstandener Verletzung dann Schluss mit der Torejagd für Manchester City und ein langes und erfolgreiches Kapitel ging damit zu Ende. Denn Leroy Sané gab im Sommer 2020 seinen Wechsel zum FC Bayern und damit seine Rückkehr in die Bundesliga bekannt. Mit Manchester City errang er viele Erfolge und entwickelte sich unter Trainer Pep Guardiola zu dem Fußballstar, der er jetzt ist.

Aber nun war die Zeit für neue Herausforderungen gekommen.

MEILENSTEINE MIT MANCHESTER CITY

10. SEPTEMBER 2016

Sein Debüt in der Premier League gibt Leroy beim Stadtderby gegen Manchester United im Old Trafford. City gewinnt das Auswärtsspiel durch Tore von Kevin De Bruyne und Kelechi Iheanacho 2:1. Leroy wird in der 59. Minute für Raheem Sterling eingewechselt.

28. JANUAR 2017

Gegen Crystal Palace schießt Leroy Sané sein erstes Tor im FA Cup. Sein Team gewinnt das Auswärtsspiel 3:0, Leroy besorgt in der 71. Minute das 2:0.

18. DEZEMBER 2016

Gegen den FC Arsenal schießt der Flügelflitzer in der 47. Minute sein erstes Premier-League-Tor zum zwischenzeitlichen 1:1. City gewinnt das Spiel am Ende 2:1, den zweiten Treffer für City erzielt Raheem Sterling.

20. SEPTEMBER 2017

Im EFL-Cup gelingt Leroy gegen West Bromwich Albion schon in der dritten Minute das Tor zum 1:0. Es ist sein erster Treffer in diesem Wettbewerb. Die Mannschaft von Pep Guardiola gewinnt bei Westbrom 2:1. Man City gewinnt den Wettbewerb schließlich im Februar durch ein 3:0 im Finale gegen Arsenal, es ist der erste Titel für Leroy in England.

22. APRIL 2018

Was für eine Ehre: Leroy Sané wird von den Profis der Premier League zum Jungprofi des Jahres ausgewählt. Spieler des Jahres wird übrigens Mo Salah.

6. MAI 2018

Nach einem eher trostlosen 0:0 zu Hause gegen Huddersfield wird dem neuen Meister die Trophäe überreicht. Manchester City wird in dieser Saison mit sensationellen 100 Punkten Meister vor Manchester United (81 Punkte).

6. Mai 2018: Nach einer sensationellen Saison, in der City am Ende 100 Punkte erreichen wird, bekommt der Meister am 37. Spieltag die Trophäe.

3. JANUAR 2019

2:1 gewinnt Manchester City gegen den FC Liverpool – und Leroy Sané schießt in der 72. Minute den Siegtreffer. Wie wichtig dieses Tor ist, wird am Saisonende deutlich: Mit nur einem Punkt Vorsprung vor Verfolger Liverpool kann City die Premier League erneut gewinnen.

24. NOVEMBER 2018

Sensationelles Spiel. Gegen West Ham United gelingen Leroy Sané zwei Tore, ein weiteres bereitet er vor. Endstand: 4:0.

12. MÄRZ 2019

Champions League, Achtelfinale, Rückspiel. Eine ganz besondere Begegnung für Leroy Sané, denn der Gegner ist kein Geringerer als sein alter Klub FC Schalke 04. Und er dreht mit seiner Mannschaft mächtig auf! City gewinnt 7:0, Leroy erzielt das 3:0 selbst und bereitet weitere drei Tore vor. Für Leroy sicherlich ein unvergesslicher Abend.

6. JANUAR 2019

Einen seiner höchsten Siege im City-Trikot feiert Leroy im FA Cup: Das Spiel gegen Rotherham United wird zur eindeutigen Angelegenheit: 7:0 heißt es am Ende. Leroy krönt die Partie mit dem letzten Treffer zum 7:0 Es ist auch einer der höchsten Siege der Citizens in diesem Wettbewerb, den City im Finale gegen Watford (6:0) in dieser Saison gewinnen kann.

MIT DEM ADLER AUF DER BRUST

Natürlich blieb auch Jogi Löw als Trainer der deutschen National-mannschaft Leroys Talent nicht verborgen, sodass der Youngster schon früh ins Nachwuchsteam des Weltmeisters von 2014 kam.

Leroys Debüt im DFB-Trikot krönte er am 5. September 2014 in Köln beim 3:2-Erfolg der U19 im Testspiel gegen die Niederlande mit dem Siegtreffer in der 67. Minute. Mit den „Mini-Adlern" qualifizierte er sich auch für die EM in Griechenland. Beim entscheidenden 6:0-Erfolg gegen Tschechien erzielte Sané zwei Treffer. Der Nachwuchs schied jedoch bereits nach den Gruppenspielen aus.

Der erste Einsatz in der U21-Nationalmannschaft folgte am 3. September 2015 in Lübeck beim 2:1-Sieg im Testkick gegen Dänemark. Er wurde in der 73. Spielminute eingewechselt. Sein Startelfdebüt mit der U21 gab er ausgerechnet in seiner Heimatstadt Essen am 9. Oktober 2015 im EM-Qualifikationsspiel gegen Finnland. Sané spielte hervorragend, bereitete ein Tor vor und erzielte zwei weitere. Am Ende hieß es: 4:0 für Deutschland.

Für die A-Nationalmannschaft debütierte Leroy am 13. November 2015, als er beim Testspiel gegen Frankreich eingewechselt wurde. Also ausgerechnet bei dem Spiel, das von schweren Terroranschlägen in Paris überschattet wurde. Seinen ersten Einsatz bei einem großen Turnier hatte er bei der EM 2016 in Frankreich im Halbfinale gegen den Gastgeber. Er wurde beim Stand von 0:2 eingewechselt und konnte am Ergebnis leider nichts mehr ändern. Das deutsche Team verlor und schied aus.

Tor für Deutschland: Leroy Sané trifft in der Nations League zum 1:1-Ausgleich gegen die Ukraine (Endstand: 3:1).

Leroy Sané beim EM-Qualifikationsspiel gegen die Niederlande im März 2019. Leroy trifft zum 1:0, und Deutschland gewinnt 3:2.

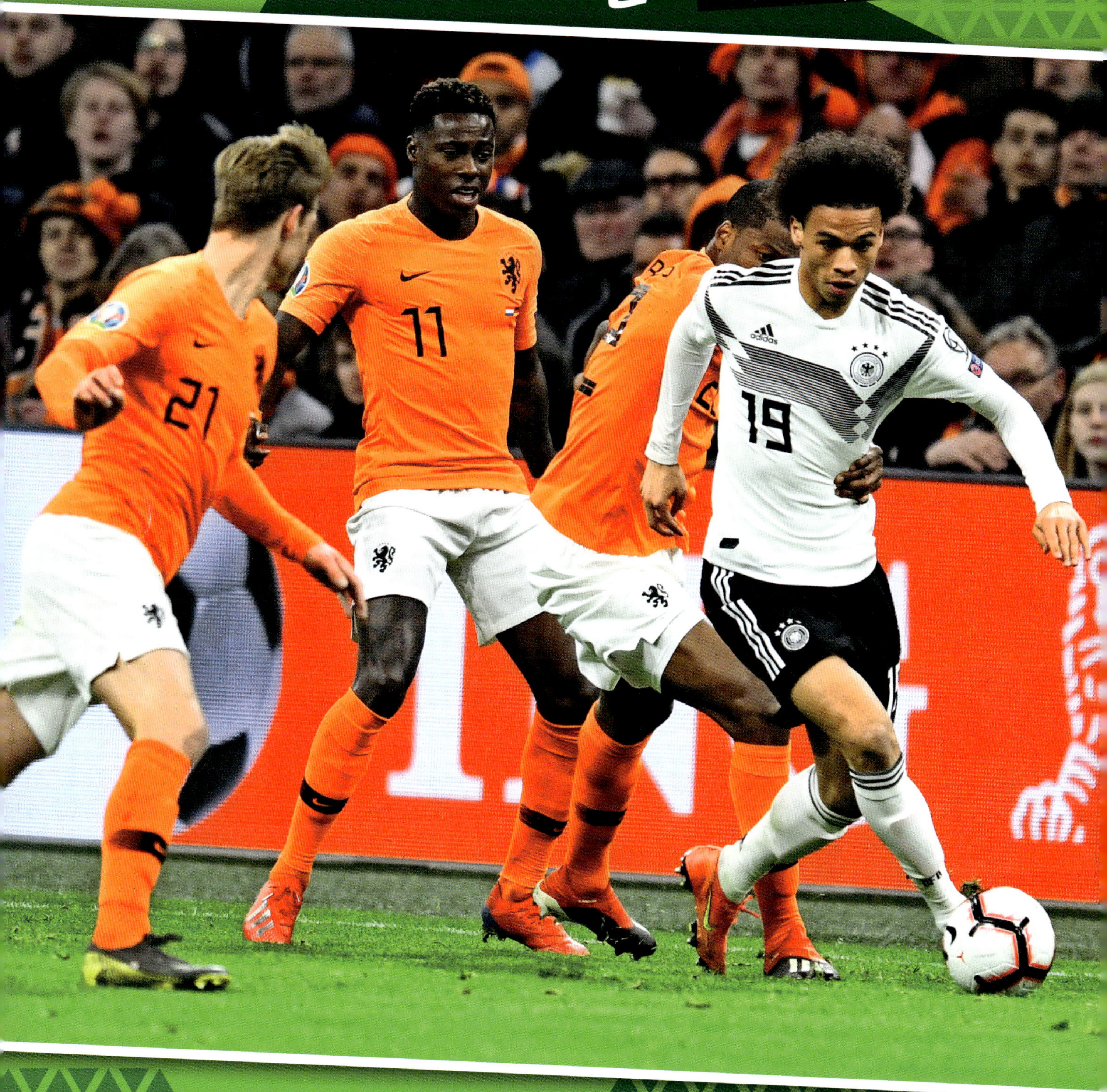

Sein erstes Tor für Deutschland erzielte Leroy beim 3:0-Sieg am 15. November 2018 im Testspiel gegen Russland. Der erste Treffer in einem Pflichtspiel gelang ihm beim 2:2-Unentschieden gegen die Niederlande in der Nations League am 19. November 2018.

Für großes Unverständnis sorgte die Entscheidung des Bundestrainers vor der WM 2018 in Russland. Jogi Löw strich Sané überraschend aus dem Kader, weil er der Meinung war, dass Leroy noch nicht zu einhundert Prozent bereit war. So muss er sich noch mindestens bis 2022 gedulden, um seinen ersten Einsatz als DFB-Profi bei einer Weltmeisterschaft zu bekommen.

ZURÜCK IN DEUTSCHLAND – LEROY SANÉ BEIM TRIPLE-SIEGER

Der Anfangseuphorie mit gutem Start folgt eine Verletzung, Ernüchterung und die Erkenntnis, dass der Erwartungsdruck sehr hoch war und Sané Zeit braucht.

Im Sommer 2020 ist Leroy Sané also endlich bei den Bayern gelandet. Die Erwartungshaltung nach dem Wechsel war riesig und alle waren voll des Lobes für diese Verpflichtung: „Wir sind glücklich, dass wir Leroy Sané beim FC Bayern willkommen heißen können. Er ist ein hervorragender Spieler, der seine Qualitäten in den vergangenen Jahren nachhaltig unter Beweis gestellt hat, insbesondere in der Nationalmannschaft. Mit seiner Schnelligkeit, dem Dribbelvermögen und seinem Zug zum Tor passt er perfekt zum FC Bayern. Er ist der Spieler, den wir haben wollten", sagte der Vorstandschef Karl-Heinz Rummenigge.

Für Sportdirektor Hasan Salihamidzic ist Sané ein „außergewöhnlicher Außenspieler". Sein Anteil am Wechsel an die Isar soll sehr groß gewesen, wie Sané in einem Interview erzählte: „Er und sein Konzept haben eine sehr große Rolle gespielt. Er hat mir aufgezeigt, wie der Verein arbeitet, welche Mannschaft er im Kopf hat, wie der Weg aussieht."

Aber die erste Hälfte seiner ersten Bayern-Saison lief für Leroy eher durchwachsen. In der Trainingsvorbereitung schien noch alles perfekt zu sein. Hansi Flick, der Cheftrainer des Rekordmeisters, sagte auf einer Pressekonferenz: „Wie alle Neuen hat er sich gut eingefügt. Ich bin sehr zufrieden."

Es folgte das erste Saisonspiel, ausgerechnet gegen Leroys ehemaligen Klub Schalke 04. Die Bayern gewannen haushoch mit 8:0 – und Leroy spielte von Anfang an, steuerte zwei Torvorlagen und einen Treffer bei. In den nächsten beiden Spielen agierte er unauffälliger. Und dann ein herber Rückschlag für Sané: Eine Kapselverletzung am rechten Knie zwang ihn zu einer mehrwöchigen Pause.

„Für mich war Bayern der bestmögliche Schritt."
(Leroy Sané in einem Interview mit Spiegel Online)

Gelungener Start in die Saison 2020/21: Im ersten Bundesligaspiel – ausgerechnet gegen Schalke – erzielt Sané auch sein erstes Tor.

Als die Verletzung auskuriert war, kam Leroy an den starken Flügel-Mitspielern Serge Gnabry und Kingsley Coman nicht vorbei, da sie durchweg gute Leistungen zeigten. Die erste Kritik folgte, man war enttäuscht und hatte sich vom Königstransfer ein bisschen mehr erhofft.

„Man muss die Hintergründe kennen. Leroy hatte eine schwere Verletzung und hat sich dann noch einmal verletzt. Von daher ist es ganz normal, das weiß ich auch aus eigener Erfahrung von Verletzungen, dass es immer eine gewisse Zeit braucht. Was ich im Training sehe, gefällt mir aber einfach gut", sag-

te Hansi Flick und stellte sich vor seinen Schützling. Aber insbesondere das mangelhafte Defensiv- sowie Zweikampfverhalten stach ins Auge.

Nach dem Champions-League-Spiel gegen Salzburg im November 2020 auf die Leistung von Sané ange-sprochen, gab der Cheftrainer folgende Antwort: „Seine Effizienz ist sehr gut, aber wie viele andere auch hatte er gegen Salzburg einige unnötige Ballver-luste und im Eins-gegen-Eins nicht nachgesetzt. Dafür gibt es Gründe, darüber haben wir gesprochen. Er wird versuchen, es in den nächsten Spielen besser zu machen."

HÖCHSTSTRAFE – UND WAS SANÉ DARAUS LERNT

Zwar war in seiner Anfangszeit bei den Bayern nicht alles schlecht, doch kurz vor der Winterpause folgt die Höchststrafe – er wird gegen Leverkusen erst ein- und dann wieder ausgewechselt.

Auch wenn seine Statistik-Werte gar nicht so übel aussehen (21 Pflichtspiele, 7 Tore, 5 Vorlagen bis Mitte Januar), wird von ihm eine Steigerung erwartet. Vorläufiger Tiefpunkt dürfte für Leroy Sané das letzte Spiel vor der Winterpause gegen Bayer Leverkusen gewesen sein. Zwar entschieden die Bayern die Partie 2:1 für sich, Sané wurde jedoch erst ein- und schließlich wieder ausgewechselt – die sogenannte „Höchststrafe" eines jeden Fußballers.

Mit anderen Worten: Der Welpenschutz als junger Neuzugang nach überstandener schwerer Verletzung galt nicht mehr. Und Vorstandschef Karl-Heinz Rummenigge wurde noch deutlicher: „Wir fördern jeden Spieler, aber wir fordern auch. Ich glaube, er ist noch nicht so richtig in diesem FC-Bayern-Gen angekommen." Und weiter: Sané müsse nun „einfach an seinen Talenten arbeiten, das ist seine Aufgabe. Wir haben alles in die Waagschale gelegt, damit er zum FC Bayern kommt. Und das muss er jetzt auch rechtfertigen." Falls nötig, würde man ihn „auch in den Hintern treten".

Auf seine Teamkollegen konnte sich Leroy jedoch voll und ganz verlassen, sie hielten auch in dieser etwas schwierigeren Zeit zu ihm: „Ich denke, im neu-

Bitterer Abend in Leverkusen: Im letzten Spiel vor der Winterpause wird Sané erst ein- und dann wieder ausgewechselt.

„Ich spiele mit Leroy sehr, sehr gerne zusammen."
(Thomas Müller in einem TV-Interview nach dem Spiel gegen Leverkusen)

en Jahr wird er seine Qualitäten zeigen. Ich drücke ihm die Daumen, er ist ein super Junge und super Spieler", tröstete Weltfußballer Robert Lewandowski nach dem Leverkusen-Spiel. Auch Thomas Müller munterte ihn hinterher erst mit einer Umarmung auf und sagte dann: „Ich glaube, dass es nicht mehr allzu lange dauern wird, dass wir über Leroy Sané ganz anders sprechen. Das ist jetzt eine harte Nummer, ausgewechselt zu werden, aber das wird er wegstecken, und wir stehen als Mannschaft hinter ihm."

Und wie ging Leroy mit dieser Situation um? „Ich bin selbst mein größter Kritiker und weiß einzuordnen, dass ich zuletzt mein Leistungsvermögen nicht abrufen konnte. Aber das wird sich ändern", versprach er. Er arbeite weiterhin hart an sich und versuche, sich zu verbessern. Das Wechsel-Manöver beim Leverkusen-Spiel hat er nach einem Gespräch mit Flick abgehakt. „Ich konzentriere mich auf mich und versuche, in den Rhythmus zu kommen, wieder Topleistungen zu bringen."

Die erste Gelegenheit dazu bot sich ihm nach der Winterpause gegen Mainz 05 – und er nutzte sie prompt. Er spielte für den angeschlagenen Kingsley Coman und schoss in der Partie ein Tor in bester Robben-Manier. Nach dem Spiel sagte er grinsend in einem Interview: „Ich habe viele Spiele von ihm gesehen. Das war immer sein Spiel: Nach innen ziehen und in die lange Ecke schießen. Ich bin auch Linksfuß, das macht jeder Linksfuß gerne so." Er sagte aber auch, es sei immer noch Luft nach oben da, was seine Leistung betrifft. Hansi Flick sah das ähnlich, Sané sei noch „nicht so emotional, wie viele sich das von ihm wünschen. Ich würde mich für ihn freuen, wenn der Knoten platzt."

Wird 2021 alles besser? Im ersten Spiel gegen Mainz jedenfalls gelingt Sané ein wunderbares Tor – und die ganze Mannschaft kommt und jubelt mit ihm.

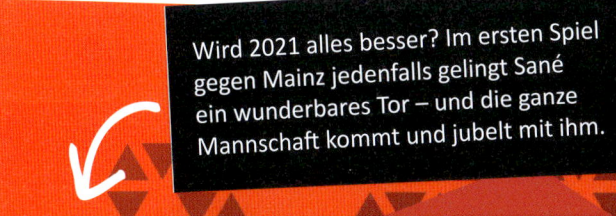

LEROY SANÉ BEI DEN BAYERN – DIE ERSTEN HIGHLIGHTS

Im Juli 2020 wechselte Leroy für ca. 45 Millionen Euro Ablöse von Manchester City zum FC Bayern München. Er ist damit nach Lucas Hernandez (ca. 80 Mio. Euro) der zweitteuerste Neuzugang der Klubgeschichte.

Debüt: Sein erstes Liga-Pflichtspiel für die Münchner absolvierte er am 1. Spieltag ausgerechnet gegen seinen Ex-Klub FC Schalke 04. Dabei fegte die Mannschaft von Trainer Hansi Flick die Knappen mit 8:0 vom Platz – inklusive Tor und zwei Vorbereitungen durch Sané.

Ein typischer Sané: Hier trifft er im Oktober 2020 zum 4:0 gegen die Eintracht aus Frankfurt, am Ende gewinnen die Bayern sogar 5:0.

Sein erstes Tor für den Rekordmeister erzielte er im selben Spiel: Sané traf in der 71. Minute zum 7:0. Kurz danach wurde er ausgewechselt.

In seinen ersten beiden Champions-League-Spielen für die Bayern erzielte Leroy Sané jeweils einen Treffer. Beim 6:2-Sieg in Salzburg traf Leroy zum 4:2, beim 3:1-Heimsieg gegen die Österreicher erzielte er das 3:0 per Kopf.

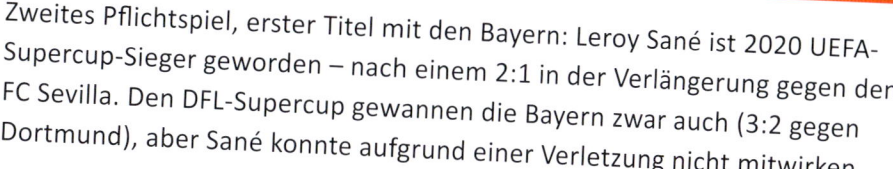

Zweites Pflichtspiel, erster Titel mit den Bayern: Leroy Sané ist 2020 UEFA-Supercup-Sieger geworden – nach einem 2:1 in der Verlängerung gegen den FC Sevilla. Den DFL-Supercup gewannen die Bayern zwar auch (3:2 gegen Dortmund), aber Sané konnte aufgrund einer Verletzung nicht mitwirken.

Dass Sané sich auch nach Rückschlägen zurückkämpfen kann, bewies er auch schon. Am 14. Spieltag lagen die Bayern gegen Mainz bereits mit 0:2 zurück, um am Ende noch 5:2 zu gewinnen. Leroy besorgte den Ausgleich zum 2:2.

SANÉ IN ZAHLEN

Hier sind einige der wichtigsten Zahlen in Leroy Sanés Karriere.

47 Bundesligaspiele, **13** Tore und **8** Assists für Schalke 04

10 So viele große Titel konnte Leroy in seiner Karriere bisher gewinnen: Meister (2018, 2019), FA Cup (2019), EFL Cup (2018, 2019), Community Shield (2018, 2019; vergleichbar mit dem Supercup) in England, UEFA- und DFL-Supercup mit dem FC Bayern (2020), A-Junioren-Meister mit dem FC Schalke 04 (2015).

0 Die Anzahl der Platzverweise in Leroys bisheriger Karriere

208 Tage nach seinem Kreuzbandriss im August 2019 gab Leroy sein Comeback auf dem Platz.

35,48 km/h
So schnell lief Leroy bei einem Spiel gegen den FC Chelsea – Premier-League-Rekord!

November 2020: Leroy Sané trifft im Spitzenspiel gegen den BVB zum zwischenzeitlichen 3:1 für die Bayern, am Ende steht es 3:2.

50 rund 50 Millionen Euro – so viel soll Manchester City an Schalke 04 bei Leroys Wechsel bezahlt haben.

135 Einsätze für Manchester City, dabei gelangen ihm 39 Treffer und 45 Vorlagen.

25 Einsätze für die deutsche Nationalmannschaft, 6 Tore, 2 Vorlagen

Platz 1 der wertvollsten Spieler des 1996er Jahrgangs

19 Die Zahl auf Leroys Trikot bei Schalke 04 und Manchester City. Als er zu den Bayern wechselte, erhielt er die Rückennummer 10.

5,7 Millionen Follower auf Instagram,

1,6 Millionen auf Twitter und

3,99 Millionen Abonnenten auf Facebook

3607 Spielminuten in der Bundesliga für Schalke 04

ZITATE

**Vom Schalker Balljungen zum Bayern-Star –
was Personen aus der Fußballszene über Sané erzählen.**

„So oft habe ich mit Leroy auf Schalke nicht zusammengespielt. Er war damals Balljunge." *(Manuel Neuer)*

„Seine Qualität ist überragend, deshalb erwarten wir viel von ihm. Er hat Tore gemacht, die man bei anderen Spielern so nicht sieht." *(Oliver Kahn)*

„Sein Vater achtete sehr genau auf Leroys Lebenswandel. Wenn wir zum Beispiel mal Essen waren, es halb neun wurde und wir am nächsten Tag ein Spiel hatten, dann hat er oft gesagt: ‚Komm Leroy, jetzt geht's nach Hause.'" *(Pascal Itter, der ab der U19 mit Sané zusammenspielte)*

„Man konnte mit ihm jeden Blödsinn machen, und er hatte immer einen flapsigen Spruch auf Lager. Manchmal war er aber ein bisschen chaotisch." *(Frederik Streit, der in der Jugend mit Sané in Leverkusen zusammenspielte)*

„Bei seinem ersten Training war er ein bisschen nervös und ihm ist jeder einzelne Ball versprungen. Dann hat er sich aufgeregt und immer wieder geflucht: ‚Wie kann der nur verspringen?' Alle haben gelacht und ihn damit aufgezogen, dass er keinen Ball stoppen kann. Aber wir haben ihm auch gleich gesagt: ‚Wenn du das noch lernst, dann wirst du ein Weltklassespieler.' Das hat schneller geklappt als gedacht." (Mitspieler Roman Neustädter über Sanés Anfänge bei den Schalker Profis)

„Leroy ist richtig stark im offensiven Eins-gegen-Eins. Es hilft jeder Mannschaft, Spieler wie ihn zu haben, die auch mal zwei, drei Gegner hintereinander ausspielen können. Zudem ist Leroy torgefährlich, als Torschütze und Vorbereiter. Durch seine Kreativität macht er auch mal etwas Unvorhergesehenes, positiv Verrücktes." (Jugendtrainer Norbert Elgert in einem Interview mit der „AZ")

„In seiner Freizeit hing er oft bei uns im Internat ab, wo wir im Gemeinschaftsraum viel Playstation gespielt haben. Er hat immer groß angegeben, dass er der Beste sei, und konnte es gar nicht verstehen, wenn er mal verloren hat." (Schalke-Mitspieler Pascal Itter)

LEROY SANÉ UND SEINE TRAINER

Mit Talent und Disziplin allein wird man nicht automatisch ein begnadeter Fußballprofi. Es braucht hervorragende Trainer. Mit einigen von ihnen hat Leroy Sané zusammengearbeitet – und natürlich hat er viel von ihnen gelernt.

PEP GUARDIOLA

Der Wechsel zu Manchester City lag vor allem an Trainer Pep Guardiola. Zu ihm hatte Sané eine ganz besondere Beziehung: „Als Pep bei mir anrief und sagte, dass er mich in seinem Team haben möchte, wusste ich sofort: Ich will zu ihm", erklärte Leroy. „Er hat mich auf ein ganz neues Level gehoben. Oft gibt er mir Tipps von Spielern, mit denen er schon zusammengearbeitet hat. Er wollte zum Beispiel, dass ich mir anschaue, wie Lionel Messi in Eins-gegen-eins-Situationen geht, wie er sich bewegt."

„Er ist ein Spieler mit unglaublichen Qualitäten. Es ist schwierig, auf der Welt einen Spieler mit seinen Qualitäten zu finden."

(Star-Trainer Pep Guardialo über Leroy)

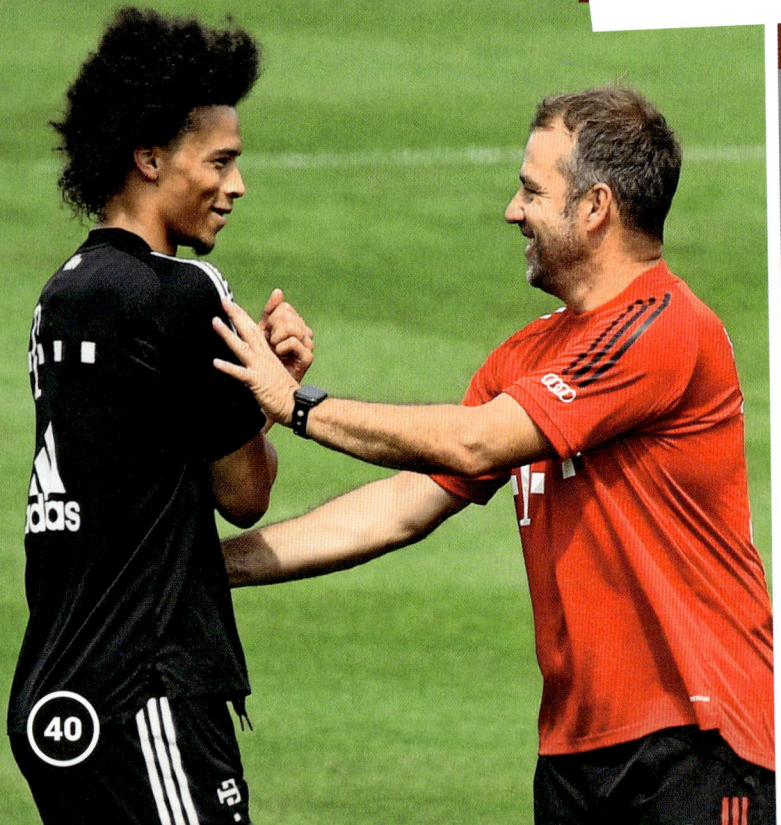

HANSI FLICK

Im Sommer 2020 ist Sané zu den Bayern gewechselt. Auf Hansi Flick angesprochen sagte er, dass er sich auf die Arbeit mit seinem neuen Coach freue. Die beiden kennen sich bereits von der U21-Nationalmannschaft. „Ich habe mich riesig gefreut, dass Hansi Flick mein Trainer wird", erzählte der Flügelflitzer. Flick möchte den 24-Jährigen zunächst an den Münchner Spielstil heranführen: „Das ist auch für ihn eine große Umstellung. Das mit Ball war schon sehr vielversprechend. Aber bei uns geht es auch gegen den Ball sehr intensiv weiter."

NORBERT ELGERT

Auch Norbert Elgert, Leroys Mentor und Jugend-trainer beim FC Schalke 04, war schon früh über-zeugt, dass Leroy bald zu den ganz großen Stars des Weltfußballs gehören würde: „Leroy hat als Persönlichkeit und Fußballer nach seinem Wech-sel zu Manchester City einen ganz großen Sprung gemacht. Wenn er so weitermacht, ist er auf dem besten Weg, dass er bald zur absoluten Weltspit-ze gehört." Schon in seiner Jugend, als Leroy von Leverkusen zurück nach Schalke wechselte, war ihm klar, dass dort mit Norbert Elgert ein sehr guter Trainer auf ihn warte. Er sei eine „sehr wich-tige Person in meinem Leben", erzählte Leroy.

„Leroy Sané war immer schon ein hochbe-gabter Fußballer. Ein anständiger Junge mit einem sehr guten Charakter."
(Norbert Elgert über seinen ehemaligen Schützling)

JOGI LÖW

Bundestrainer Jogi Löw machte Leroy Sané 2015 zum Nationalspieler – aus-gerechnet beim Spiel in Frankreich, das von schweren Terroranschlägen über-schattet wurde. Auch wenn der Trainer Sané nicht für die WM 2018 nominier-te, schätzt er Leroys Potenzial sehr und erzählt: „Er hat sehr gute Fähigkeiten und ist ein Spieler, der mit seinen Qua-litäten den Unterschied ausmachen kann. Er hat das Außergewöhnliche im Spiel und natürlich auch diese Schnel-ligkeit, die man international braucht." Seit Ende 2018 gehört Sané regelmä-ßig zu Löws Kader.

SEINE BERÜHMTESTEN MITSPIELER

Vom FC Schalke über Manchester City zum FC Bayern. Da sind große Namen vorprogrammiert. Leroy hat mit einigen Megastars zusammengespielt – und hat sich bei ihnen wahrscheinlich auch den einen oder anderen Trick abgeguckt.

Bereits zu Schalker Zeiten spielte Sané mit Leon Goretzka zusammen, hier bejubeln sie einen Sieg gegen Hertha BSC im Oktober 2015. Der Nationalspieler begann seine Karriere beim VfL Bochum und spielte anschließend fünf Jahre bei den Knappen. Seit 2018 kickt der Mittelfeldspieler beim deutschen Rekordmeister FC Bayern München – Leroy und Leon sind also wieder Teamkollegen, genau wie in der Nationalmannschaft. Goretzka gewann mit den Münchnern 2020 das Triple (Deutsche Meisterschaft, DFB-Pokal und UEFA Champions League).

Auch beim FC Bayern trifft Sané auf zahlreiche weitere Ausnahmespieler, darunter u. a. Bayerns Rekordeinkauf Lucas Hernandez, Serge Gnabry und natürlich Weltfußballer Robert Lewandowski (von links nach rechts). Der Pole begann seine Karriere in seinem Heimatland, die erste Profistation war Lech Posen, ehe er nach Deutschland kam und für Borussia Dortmund auf Torejagd ging. Seit 2014 spielt er beim FC Bayern und sammelt fleißig Titel. Außerdem ist er ebenfalls seit 2014 Kapitän der polnischen Nationalmannschaft. Der 1988 Geborene gilt als einer der besten Stürmer seiner Generation und wird regelmäßig in zahlreichen Wettbewerben Torschützenkönig. 2020 wurde er mit dem Ballon d'Or für den Weltfußballer des Jahres ausgezeichnet.

Bei Manchester City traf Leroy auf ein ganzes Star-Ensemble. Unter ihnen der belgische Nationalspieler Kevin De Bruyne, der auch schon bei Werder Bremen und dem VfL Wolfsburg in der Bundesliga gespielt hat (damals natürlich als Gegner von Leroy Sané). Er war unter anderem DFB-Pokal-Sieger und belgischer Meister. Nach Manchester wechselte er im Sommer 2015, also ein Jahr vor Sané. Zusammen gewannen sie auf der Insel so einige Titel, darunter die Meisterschaft, den Ligapokal und den FA-Cup.

Erst Kontrahenten im Revierderby, dann Teamkollegen in Manchester sowie bei der Nationalmannschaft: İlkay Gündoğan und Leroy Sané. Der deutsche Nationalspieler mit türkischen Wurzeln kam von Nürnberg über Dortmund zu Manchester City. Zu ihm hatte Leroy ein gutes Verhältnis und fragte ihn insbesondere bei seiner schweren Verletzung um Rat. Mit Borussia Dortmund wurde Gündoğan 2012 Double-Gewinner, bei City gewann er zusammen mit Sané zahlreiche weitere Titel.

Suchbild: Im derzeitigen Kader des FC Bayern befinden sich fünf ehemalige Schalker Superspieler: Neben Leroy sind das noch Eric Maxim Choupo-Moting, Manuel Neuer, Leon Goretzka und Alexander Nübel – nicht mit allen hat er vor seiner Zeit beim FCB zusammengespielt.

TRICKS UND SPIELWEISE

Leroys Spielweise ist etwas ganz Besonderes und zeichnet sich vor allem durch seine extreme Schnelligkeit aus. Aber auch Technik und Ballsicherheit gehören zu seinen Stärken.

Leroy Sané hat einen starken Zug zum Tor, der sehr von seiner Geschwindigkeit lebt. Besonders auffällig sind seine Diagonalläufe, mit denen er die gegnerische Hintermannschaft verwirrt und Räume öffnet. Er sucht im Duell mit den Verteidigern den Durchbruch zum Strafraum und trifft dort sehr gute Entscheidungen. Sané ist sowohl auf den Beinen als auch im Kopf sehr schnell und kann sich klug positionieren sowie Mitspieler in Szene setzen.

Er ist ein Spaßfußballer, der das Kicken auf dem Bolzplatz und auf der Straße automatisiert hat, und wendet die dort erworbenen Fähigkeiten heute noch in seinen spontanen Aktionen an. Er spielt instinktiv – das kann kein Nachwuchsleistungszentrum einem Fußballer beibringen –, und das macht Leroys Spielweise so einzigartig. Leroy ist die Ausnahme in einer Generation, die immer wieder für ihre fehlenden Überraschungsmomente und Individualkünstler kritisiert wurde. Er hat seine Qualitäten im Eins-gegen-Eins und ist in der Lage, jedem Verteidiger Knoten in die Beine zu spielen.

In Manchester hat er unter City-Trainer Guardiola außerdem gelernt, wie er sich durch das richtige Positionsspiel und die richtigen Laufwege mehr Platz für seine Aktionen verschaffen kann.

Diese Vielseitigkeit sowie die Fähigkeit, mit wenig Raum viel anfangen zu können, machen Leroy Sané im deutschen Fußball so einzigartig.

Sein ehemaliger Leverkusener Mitspieler Frederik Streit erinnert sich an einen ganz speziellen Trick: „Ich habe seine typische Fintenbewegung noch genau im Kopf. Mit dem linken Fuß machte er immer die gleiche Bewegung – jeder wusste es, aber es war trotzdem nicht zu verteidigen. Ein bisschen wie bei Arjen Robben." Den Vergleich hören die Bayern-Fans natürlich besonders gerne – und hoffen auf eine ähnlich rasante Entwicklung wie bei dem Niederländer …

Exzellenter Freistoßschütze: Auch wenn die Bayern am Ende sensationell am Zweitligisten Holstein Kiel gescheitert sind, Leroy hat mit diesem wunderbaren Treffer zum zwischenzeitlichen 2:1 bewiesen, dass er hervorragende Standards treten kann.

Aus Liebe zum Norden.

Typisch Sané und ähnlich wie bei Robben. Von der rechten Seite in die Mitte, um dann mit dem linken Fuß abzuschließen, so wie hier bei einem Premier-League-Spiel gegen West Ham.

Geschwindigkeit und Durchsetzungsstärke im Eins-gegen-Eins zeichnen Sané aus, weshalb er einer der aufregendsten Spieler seiner Generation ist.

SEINE BESTEN UND SCHÖNSTEN TORE

Spektakuläre Tore scheinen eine Spezialität des Dribbelkünstlers zu sein. Hier eine Auswahl seiner besten Tore.

FC BAYERN – EINTRACHT FRANKFURT 5:0
BUNDESLIGA, 5. SPIELTAG, 24.10.2020

In der 73. Minute, nur vier Minuten nach seiner Einwechslung, jagte Leroy Sané in Robben-Manier das runde Leder in die Maschen. Und wie! Vom rechten Flügel aus zog er ins Zentrum und donnerte den Ball mit einem ausgezeichneten Schuss zum zwischenzeitlichen 4:0 in den linken Winkel des Tores.

SCHALKE 04 – MANCHESTER CITY 2:3
CHAMPIONS LEAGUE, ACHTELFINALE, 20.02.2019

Dieses Freistoßtor wurde in Deutschland zum Tor des Monats Februar 2019 gewählt! Ausgerechnet gegen seine alte Liebe Schalke 04 gelang Leroy in der 85. Minute mit einem Traumtor der 2:2-Ausgleich für die Citizens. Aus knapp 30 Metern vor dem Schalker Tor trat er bei dem Freistoß mit kurzem Anlauf an – und eine unglaubliche Flugbahn später schlug der Ball hinter dem Torhüter ins linke, obere Toreck ein.

Dank einer sehr speziellen Flugkurve senkt sich dieser Wahnsinnsfreistoß von Sané ins Netz. Tor des Monats im Februar 2019.

VFL WOLFSBURG – FC SCHALKE 04 1:1
BUNDESLIGA, 29. SPIELTAG, 19.04.2015

Nach einem gewonnen Kopfball-Duell und einem unfassbaren Solo-Sprint aus der eigenen Hälfte heraus erzielt Leroy am 29. Spieltag das 1:0 für die Schalker. Er war nicht aufzuhalten und schoss in der 53. Minute nach gewonnenem Zweikampf mit Träsch und Arnold aus 13 Metern ins linke Eck ein. Das Spiel endete 1:1.

Allein gegen alle: Nach einem starken Sprint erzielt Sané auch noch die Führung gegen Wolfsburg, am Ende heißt es 1:1.

REAL MADRID – FC SCHALKE 04 3:4
CHAMPIONS LEAGUE, ACHTELFINALE, 10.03.2015

Champions League, Achtelfinale, wieder Schalke. Aber diesmal trägt Leroy noch das königsblaue Trikot – zum ersten Mal in der Champions League. Ausgerechnet gegen Real Madrid. Ausgerechnet im Bernabéu. In einem ereignisreichen Spiel erzielte Leroy das 3:3 und belebte damit die Hoffnung der Schalker auf ein blau-weißes Wunder. In der 57. Spielminute wird Sané von Christian Fuchs bedient. Er stoppt den Ball vorsichtig mit dem linken Fuß, hebt den Kopf und sieht, dass Reals Verteidiger Fábio Coentrão weit weg steht. Da legt sich Leroy den Ball ein Stück weiter in die Mitte und zirkelt ihn halbhoch in die linke Ecke des Tors. Ein Wahnsinns-17-Meter-Schlenzer! Schalke gewann das Spiel 4:3 (2:2), schied aber dennoch durch das 0:2 im Hinspiel aus. Der Treffer wurde zur Wahl für das Champions-League-Tor der Saison nominiert.

MANCHESTER CITY – FC LIVERPOOL 2:1
PREMIER LEAGUE, 21. SPIELTAG, 03.01.2019

In einer der heißesten Phasen der Meisterschaft dieses Top-Duell! Und Leroy erzielte den entscheidenden Treffer! In der 72. Minute tunnelt er auf der linken Seite nach sehr guter Vorarbeit von Mitspieler Raheem Sterling einen Liverpooler Gegenspieler und trifft mit einem Linksschuss den rechten Innenpfosten. Von dort geht der Ball ins Tor. 2:1 – und das bleibt bis zum Abpfiff bestehen. Damit ist City zurück im Titelrennen.

FRISUREN, TATTOOS, KLAMOTTEN

Abseits des Platzes ist Leroy sehr experimentierfreudig. Egal ob es um Frisuren, Tattoos oder Klamotten geht. Und immer mit einem Hauch von Extravaganz.

Normalerweise kennt man Leroy als Wuschelkopf mit seinem Afro-Look. Doch bei den EM-Qualifikationsspielen der Nationalmannschaft im Juni 2019 erschien er zum Training mit einer neuen Frisur: Er hatte plötzlich coole „Boxer Braids" (Boxer-Zöpfe.)

So kennt man Leroy normalerweise: mit typischem Afro-Look.

Mit Boxer Braids bei der Nationalelf im Jahr 2019.

Diese Frisur, allerdings mit Karo-Muster, hatte er auch schon im Trainingslager der DFB-Elf in Südtirol bei der Vorbereitung zur WM 2018 getragen.

Auffällig an Leroy sind auch seine vielen Tattoos. Das größte von allen trägt er auf seinem Rücken. Es ist ein Selbstporträt beim Torjubel im Etihad Stadium, der Heimat von Manchester City. Als Vorlage diente sein Treffer im Champions-League-Achtelfinale im Februar 2017 gegen AS Monaco. In diese Szene mit eingebunden ist die Postleitzahl von Bochum-Wattenscheid: 44866, eine Hommage an den Ort seiner Kindheit. Außerdem sind noch die Umrisse der Heimatländer seiner Eltern zu erkennen, Senegal und Deutschland. Direkt darüber befindet sich ein Himmelstor, das seinen Glauben symbolisieren soll.

Ein anderes Tattoo befindet sich unter seiner linken Brust. Es ist ein Spruch mit geschwungener Schrift:

Family
We are never alone
because we carry each other
in our hearts.
Family is where life begins
and love never ends.

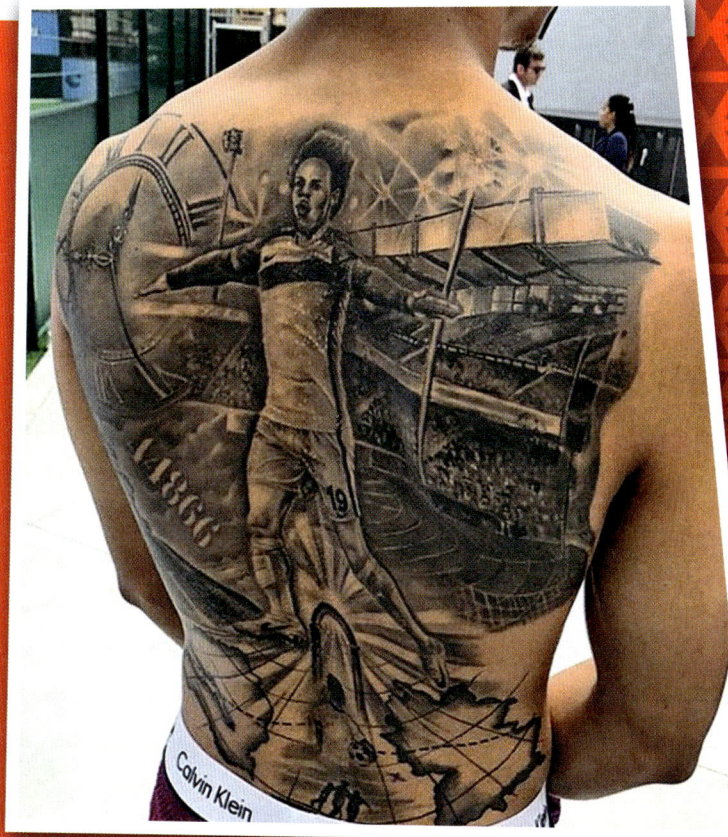

Auch seinen linken Arm hat er verzieren lassen: mit römischen Zahlen und dem französischen Motto „liberté, egalité, fraternité". Am Handgelenk sind die Initialen „S.R.M.K.S" zu sehen. Und zu guter Letzt hat er sich am Ringfinger einen Ring stechen lassen.

Und auch bei seiner Kleiderwahl fällt Leroy gerne mal auf. Bei einem Nationalmannschaftstreffen im Frühjahr 2019 in Wolfsburg trug er ein Outfit im Wert von insgesamt ca. 25.000 Euro: eine auf links gedrehte Lammfell-Graffiti-Lederjacke der Luxus-Marke Balenciaga, ein Fell-Rucksack von Louis Vuitton und limitierte Sneakers von Nike. Das sorgte vor allem in den Sozialen Medien für einigen Gesprächsstoff. Provozieren wollte er damit aber nicht, betonte er in einem Interview mit *Spiegel Online*. Er drückt sich einfach gerne durch Mode aus: „Dabei ist mir nicht wichtig, dass die Klamotten teuer sind." Ein anderes Mal erschien Leroy mit einem Gurt-System über dem T-Shirt, „Crossbody Harness" genannt, was ihm einen Actionhelden-Look verlieh.

LEROY SANÉ – DER FAMILIENMENSCH

Für Aufregung sorgt Leroy Sané mit seinen Tempodribblings auf dem Platz, sein Privatleben gestaltet er dagegen lieber ruhig und abseits der Öffentlichkeit.

Das Familienleben sei ihm sehr wichtig, betont Leroy immer wieder. Das Verhältnis zu seinen Eltern ist gut, von Anfang an unterstützten sie ihn in seinen Karriereplänen. „Meine Eltern haben mir eine Menge beigebracht, zum Beispiel beim Spielen einfach Spaß zu haben. Sie haben mir immer die ganze Zeit gesagt: Hab Spaß und mach, was du machen willst. Das ist wichtig für mich. Ich versuche, jedes Spiel zu genießen, jede Trainingseinheit", erzählte Leroy.

Mit seiner Langzeitfreundin, der Amerikanerin Candice Brook, hat Leroy bereits eine eigene kleine Familie gegründet: Seine Tochter Rio Stella kam am 7. September 2018 auf die Welt und im Sommer 2020 bekam das Paar noch einen Sohn. Candice Brook ist acht Jahre älter als Leroy, sie wurde im Juli 1987 geboren und ist die Managerin von Rapper „11:11". Früher

sang sie auch selbst R'n'B-Songs. Bekannt wurde Candice durch die MTV-Serie „Wild 'N Out". Candice war eine Zeit lang auch Influencerin, aber um ihre Privatsphäre zu schützen, löschte sie kurz vor der Geburt von Stella Rio ihren Instagram-Account (120.000 Follower). Seitdem hält sie sich in der Öffentlichkeit bedeckt.

Und auch Papa Souleymane ist eher zurückhaltend, wenn man mit ihm über seinen Sohn sprechen möchte. Souleymane, der früher selbst Fußballprofi war, schloss einst ein Abkommen mit seinem Vater: Dieser äußert sich nur, wenn es vorher mit ihm abgesprochen ist. Das System hat sich bewährt und deswegen handhaben es Souleymane und Leroy genauso – ein Zeichen des starken Familienzusammenhalts.

„Wenn ich in der Öffentlichkeit bin, bleibe ich eher distanziert. Ich will nicht so viel von mir preisgeben."

(Leroy Sané in einem Interview mit Spiegel Online)

leroysane

1/2

Familienmensch Leroy Sané: mit Candice Brook ...

♡ ○ ◁ ◻

Gefällt **mws04museum** und **400.267 weiteren Personen**

leroysane Simple.

Alle 1.648 Kommentare ansehen

leroysane

... und beim Parkspaziergang mit der gemeinsamen Tochter. Inzwischen haben die beiden zwei Kinder.

♡ ◁ ◻

Gefällt **lisa_ramuschkat** und **406.877 weiteren Personen**

leroysane My better half. ❤️🔵

23. September 2019 · Übersetzung anzeigen

SANÉ UND SEINE FANS

Als junger, talentierter und charismatischer Fußballstar hat Leroy eine große Fangemeinde auf der ganzen Welt, insbesondere natürlich in Großbritannien und Deutschland. Millionen Follower und Likes auf den Plattformen Facebook, Instagram und Twitter zeigen, dass er ein absoluter Fanliebling ist.

Insbesondere in Bayern war die Vorfreude nach Bekanntgabe seines Wechsels zu den Münchnern riesig! Und andere Fußballfans drückten ihre Achtung gegenüber Sané in der Form aus, dass sie dem FC Bayern noch vor dem Start in die Saison 2020/21 zum Titel gratulierten, als der Wechsel öffentlich bekannt gemacht wurde. Auch der laute mediale Aufschrei, nachdem er aus dem Kader der Nationalmannschaft zur WM in Russland 2018 gestrichen wurde, zeugt davon, wie beliebt er ist und dass seine Anhängerschaft ihm treu zur Seite steht – auch in schlechten Zeiten.

Dass der zweifache Papa auch ein großes Herz für seine kleinsten Fans hat, zeigte er auf einer virtuellen Pressekonferenz einige Wochen nach seiner Ankunft beim FC Bayern, als er sich den Fragen des Kids Clubs der Münchner stellte.

LEROY SANÉ UND SEINE VORBILDER

Bevor Leroy selbst zum Vorbild vieler Nachwuchskicker wurde, hatte er als Kind natürlich auch seine Idole, denen er nacheiferte. Wenn er in Interviews danach gefragt wird, nennt er immer dieselben zwei Namen: Lionel Messi und Ronaldinho.

Er hätte sogar mit einem von ihnen zusammenspielen können, denn als Sané vom FC Schalke 04 nach Manchester City wechselte, hatte auch der FC Barcelona, Messis Verein, Interesse an einer Verpflichtung. Aber Leroy hatte sich letztendlich gegen einen Transfer nach Katalonien entschieden. Trotzdem fiel der Name Messi auch in England. City-Trainer Pep Guardiola gibt seinen Schützlingen oft Tipps von Spielern weiter, mit denen er schon zusammengearbeitet hat. Leroy sagt dazu: „Er [Pep Guardiola] wollte zum Beispiel, dass ich mir anschaue, wie Messi in Eins-gegen-eins-Situationen geht, wie er sich bewegt." Außerdem riet der Coach, als sich Leroy in Manchester erst noch eingewöhnen musste, er solle sich an seinem Vorbild orientieren und mit mehr Leichtigkeit und ungezwungener spielen. Also eben wie Messi, Spaß haben und Dinge vor dem Tor ausprobieren. Und was ist mit Leroys zweitem Vorbild? Als er gefragt wurde, was ihm an Ronaldinho besonders imponierte, antwortete er: „Wie er Fußball gespielt und genossen hat. Es war nie zu sehen, dass er Druck hatte. Egal, wer vor ihm stand, er versuchte vorbeizukommen." Genauso wolle er auch spielen.

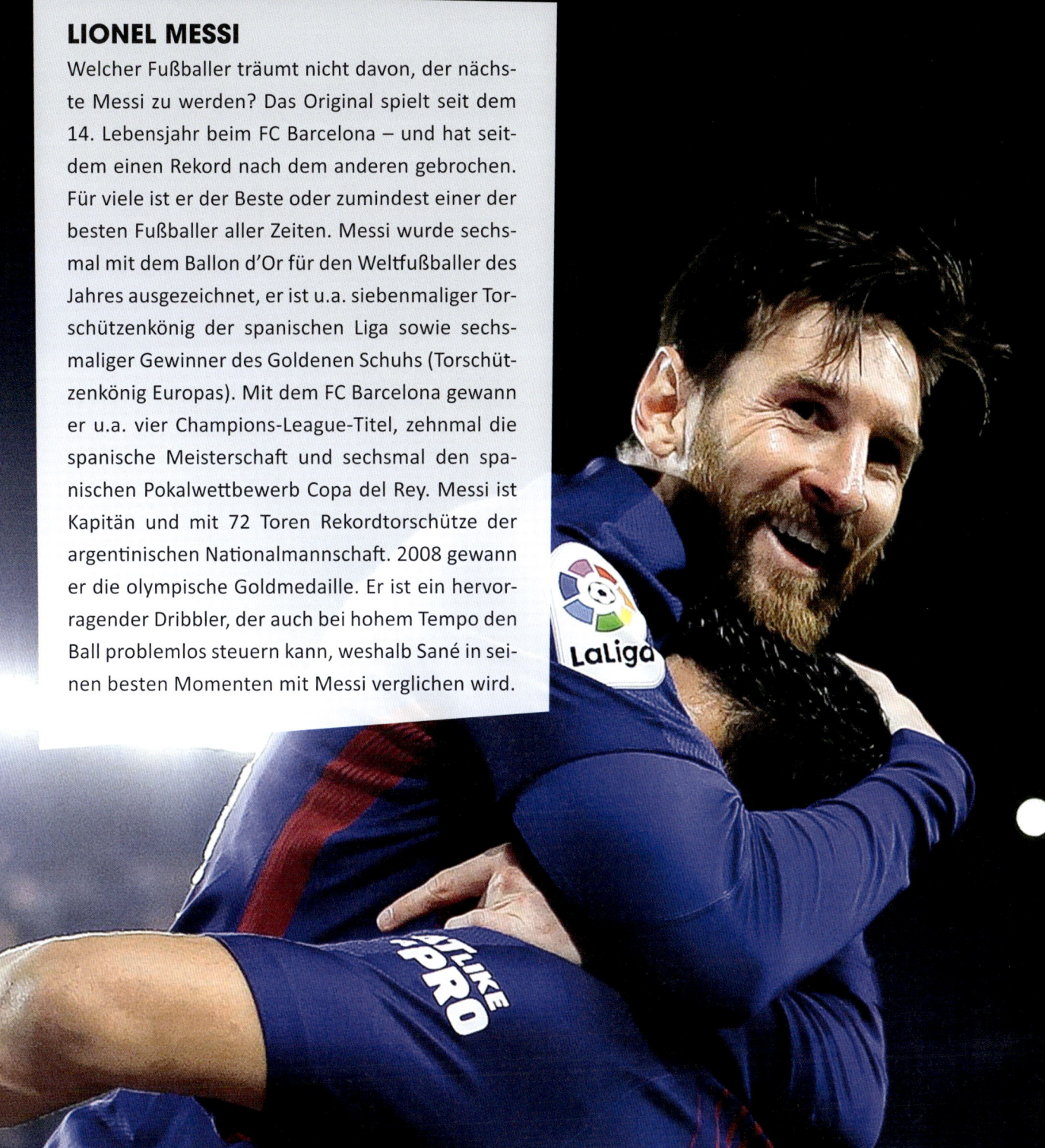

LIONEL MESSI

Welcher Fußballer träumt nicht davon, der nächste Messi zu werden? Das Original spielt seit dem 14. Lebensjahr beim FC Barcelona – und hat seitdem einen Rekord nach dem anderen gebrochen. Für viele ist er der Beste oder zumindest einer der besten Fußballer aller Zeiten. Messi wurde sechsmal mit dem Ballon d'Or für den Weltfußballer des Jahres ausgezeichnet, er ist u.a. siebenmaliger Torschützenkönig der spanischen Liga sowie sechsmaliger Gewinner des Goldenen Schuhs (Torschützenkönig Europas). Mit dem FC Barcelona gewann er u.a. vier Champions-League-Titel, zehnmal die spanische Meisterschaft und sechsmal den spanischen Pokalwettbewerb Copa del Rey. Messi ist Kapitän und mit 72 Toren Rekordtorschütze der argentinischen Nationalmannschaft. 2008 gewann er die olympische Goldmedaille. Er ist ein hervorragender Dribbler, der auch bei hohem Tempo den Ball problemlos steuern kann, weshalb Sané in seinen besten Momenten mit Messi verglichen wird.

RONALDINHO

Ronaldinho kam 2001 mit 21 Jahren als Profi nach Europa, nachdem er bereits in der Jugend für ein Jahr beim FC Sion in der Schweiz gespielt hatte. Nach zwei Spielzeiten bei Paris Saint-Germain wechselte er 2003 zum FC Barcelona, wo er die erfolgreichste Zeit seiner Karriere hatte. Er wurde 2005 und 2006 spanischer Meister sowie 2006 Champions-League-Sieger. Ronaldinho galt zu dieser Zeit als einer der besten Spieler der Welt. Er zeichnete sich durch Tempodribblings, hohe Torgefährlichkeit und enorme Passgenauigkeit aus. 2008 wechselte er zum AC Mailand, wo er allerdings nicht mehr an seine Glanzzeit anknüpfen konnte. Nach zweieinhalb Jahren kehrte Ronaldinho im Januar 2011 nach Brasilien zurück, wo er noch einige Jahre Fußball spielte, ehe er seine Fußballkarriere 2018 endgültig beendete. Von 1999 bis 2013 spielte Ronaldinho 97-mal für die brasilianische Nationalmannschaft und erzielte 33 Tore, womit er einer der besten Torschützen der Seleção ist. Bei der WM 2002 wurde Ronaldinho mit Brasilien Weltmeister.

ERFOLGE UND AUSZEICHNUNGEN

Obwohl er mit seinen 25 Jahren noch am Anfang seiner Karriere steht, hat Leroy Sané bereits zahlreiche und bedeutende Titel gewonnen, die meisten – logisch – mit Manchester City.

So wurde er in den Jahren 2018 und 2019 zweimal hintereinander sowohl Meister der englischen Liga als auch Ligapokalsieger. Zudem gewann er mit den Citizens 2019 den FA-Cup und wurde Supercup-Sieger. Aber auch in Deutschland heimste er Titel ein: Mit dem U19-Team von Schalke 04 wurde Sané in der Saison 2014/15 deutscher A-Jugend-Meister. Selbst mit dem FC Bayern war er schon erfolgreich: Er gewann mit dem deutschen Rekordmeister 2020 sowohl den Supercup der DFL als auch der UEFA.

A-Jugend-Meister 2015 mit Schalke 04: Leroy Sané, Thilo Kehrer und Felix Platte.

Mit der U19 von Schalke 04 gewann er 2014 den Mercedes-Benz JuniorCup, ein internationales Hallenturnier.

UEFA Supercup mit den Bayern im Sommer 2020.

Die Trophäe der englischen Premier League durfte Leroy Sané im Mai 2019 schon zum zweiten Mal präsentieren, im Gegensatz zum ersten Triumph war es dieses Mal aber sehr knapp: Verfolger Liverpool hatte mit 97 Punkten genau einen Zähler weniger als City.

Persönliche Auszeichnungen hat er ebenfalls schon einige abgesahnt. In der Saison 2014/15 wurde er zum VDV-Newcomer gekürt, und 2015 erhielt er den Fußball-Felix. 2017 erklärte ihn die UEFA zum „aufregendsten Talent Europas". Eine ganz besondere Ehrung wurde ihm im Jahr 2018 zuteil – er wurde zu Englands Jungprofi des Jahres 2018 gewählt. In seinem Heimatland Deutschland gewann er die Wahl zum Tor des Monats im Februar 2019.

WAS KOMMT ALS NÄCHSTES?

Leroy ist noch sehr jung, und seine Karriere steht trotz aller bisherigen Erfolge und internationalen Erfahrungen erst am Anfang. Es wird interessant sein, mitzuverfolgen, wie dieser außergewöhnliche Kicker sich weiterentwickeln wird.

Das kurzfristige Ziel mit dem FC Bayern, die Verteidigung des Triples (Deutsche Meisterschaft, DFB-Pokal und Champions League Sieg), ist in der Saison 2020/21 nicht mehr möglich. Denn in der zweiten Runde des DFB-Pokals scheiterten die Münchner überraschend, aber nicht unverdient an Holstein Kiel – trotz eines schönen Freistoßtreffers von Sané. Damit bleibt „nur" noch die Chance auf die Meisterschaft und den Champions-League-Titel. Aber auch innerhalb des Vereins stellen sich spannende Fragen für die Zukunft: Wird er sich im mit Stars gespickten Kader durchsetzen und Stammspieler werden – und zum unumstrittenen Weltstar heranwachsen?

Die Erwartungen an ihn sind hoch und die Fußstapfen, in die er bei den Bayern treten soll, groß. Wird er sein Talent und Potenzial und die Fähigkeiten ausbauen, um Bayerns nächster Superstar auf den Außenbahnen zu werden? Um das zu schaffen, muss er noch härter an sich arbeiten und insbesondere mehr Konstanz entwickeln.

Auch in seinem Defensivverhalten bzw. in der Rückwärtsbewegung muss Leroy noch eine Leistungssteigerung erbringen, und er soll seine Qualitäten gegen den Ball verbessern. Dann kann es klappen. Abseits des Platzes wird ihm oft Extravaganz vorgeworfen, ein „Bling Bling"-Image. Auch das soll sich mit dem Bayern-Wechsel ändern – Leroy möchte erwachsener werden und (mehr) Verantwortung übernehmen. Dass dieses Bild so gar nicht zu ihm passt, erklärte er ausführlich in einem Interview mit *Spiegel Online* im Januar 2021: „Dabei bin ich kein Typ, der sich ewig im Badezimmer stylt. Ich stehe morgens auf, putze mir die Zähne und fahre oft in kurzer Hose zum Training, das dauert fünf Minuten."

Titel mit der Nationalmannschaft fehlen ihm noch. Ein erster Schritt in die richtige Richtung könnte die Europameisterschaft 2021 sein – auch wenn nach dem Desaster von Russland 2018 die Erwartungen nicht ganz so hoch hängen. Und auch an einer Weltmeisterschaft hat Leroy bisher noch nicht teilgenommen.

Es gibt also noch viele Titel und Trophäen auf nationaler und internationaler Tribüne zu gewinnen. Und Leroy Sané scheint bereit zu sein, sie sich zu schnappen.

Erwartung an Leroy Sané für die Zukunft: mehr Durchsetzungsvermögen im Zweikampf.

Auch mit der Nationalmannschaft hat Sané noch viel vor.

RÄTSELSPASS

Hier sind 20 Fragen, mit denen du testen kannst, wie viel du über Leroy Sané gelernt hast. Die Antworten sind auf der letzten Buchseite zu finden.

1. Wie lautet Leroys zweiter Vorname?

2. Welche weitere Staatsangehörigkeit hat Sané neben der deutschen noch?

3. Welche Rückennummer trug er auf seinem Trikot bei Manchester City?

4. Gegen welchen Verein schoss Leroy mit dem FC Schalke sein erstes Bundesligator?

5. Welches Fach bereitete Leroy in seiner Schulzeit besonders Probleme?

6. 2016 wechselte Leroy zu Manchester City, unter anderem wegen des Trainers. Wie heißt er?

7. Wie heißen Leroys Brüder?

8. Wie hoch gewann der FC Bayern gegen Schalke 04 bei Leroys erstem Ligaspiel für die Münchner?

9. In welcher olympischen Disziplin gewann Leroys Mutter eine Medaille?

10. Ist Leroy schon einmal Weltmeister geworden?

11. Unter welchem legendären Jugendtrainer spielte Sané bei Schalke 04?

12. Welche schwere Verletzung zog er sich im Sommer 2019 zu?

13. Wie viele Tattoos hat Sané?

14. Unweit welchen Stadions von welchem Verein wuchs Leroy auf?

15. Sanés typische Fintenbewegung mit dem linken Fuß – an welchen Spieler erinnert sie?

16. Welchen berühmten belgischen Mitspieler hatte Leroy bei seiner Zeit in Manchester?

17. Wie viele Platzverweise bekam Leroy in seiner bisherigen Karriere?

18. Welche Titel hat er mit Manchester City gewonnen?

19. Bei der WM 2018 strich Jogi Löw Sané aus dem Kader. In welchem Land fand diese WM statt?

20. Wie schnell war Sanés Spitzengeschwindigkeit, mit der er einen Premier-League-Rekord aufstellte?

BILDERRÄTSEL

Viele Teams, viele Stars. Erkennst du, mit wem Leroy Sané auf diesen Bildern zu sehen ist?